# 好老婆成长计

向日葵 主编

农村读物出版社

**图书在版编目（CIP）数据**

好老婆成长计 / 向日葵主编. — 北京：农村读物出版社，2012.1

（小日子）

ISBN 978-7-5048-5557-2

Ⅰ. ①好… Ⅱ. ①向… Ⅲ. ①婚姻－通俗读物 Ⅳ. ①C913.13-49

中国版本图书馆CIP数据核字（2011）第267202号

---

**策划编辑** 黄 曦

**责任编辑** 黄 曦

**设计制作** 北京朗威图书设计

**出 版** 农村读物出版社（北京市朝阳区麦子店街18号 100125）

**发 行** 新华书店北京发行所

**印 刷** 北京三益印刷有限公司

**开 本** 787mm×1092mm 1/24

**印 张** 5

**字 数** 120千

**版 次** 2012年1月第1版 2012年1月北京第1次印刷

**定 价** 26.00元

---

# contents 目录

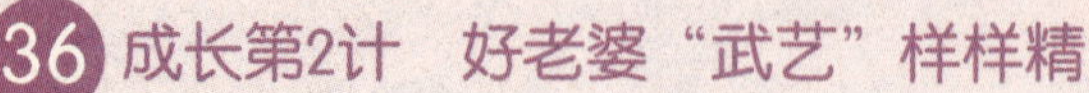



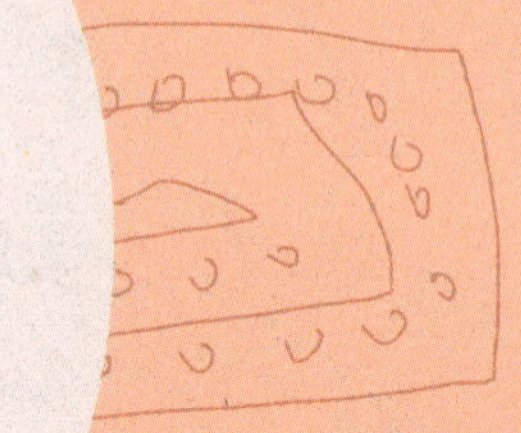

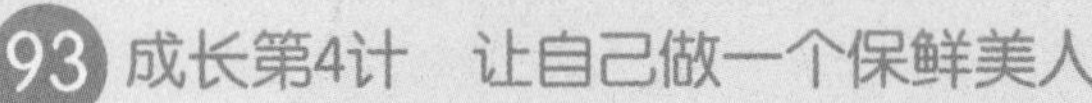

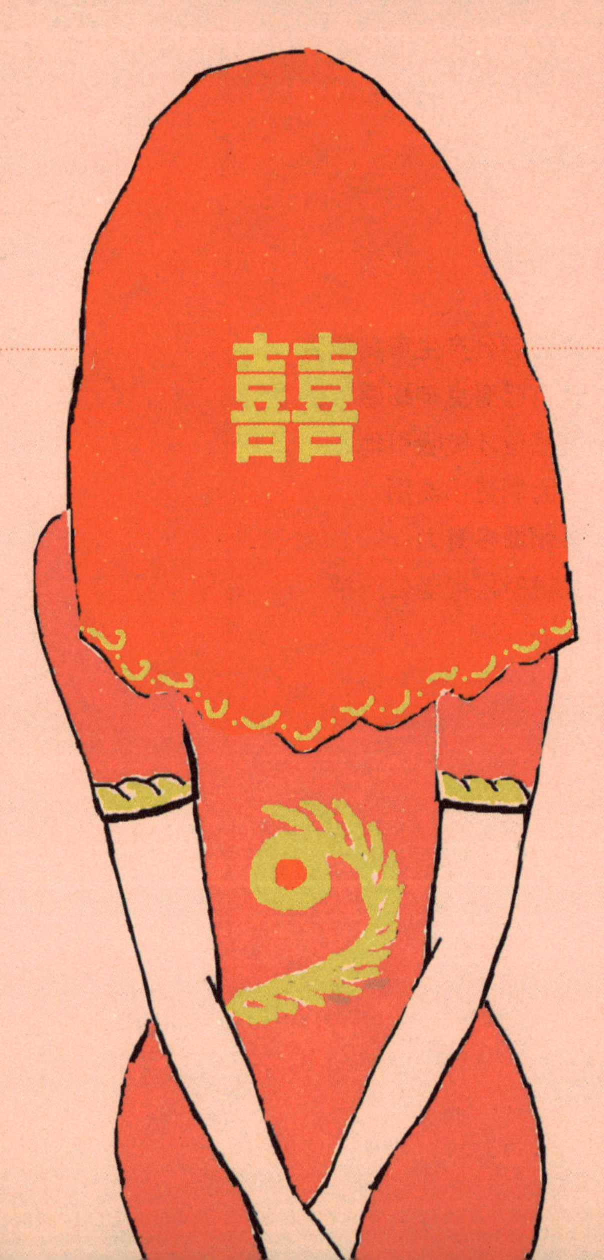
囍

# 选对婆家嫁对郎

从古到今，嫁人真的是件大事，要上对花轿嫁对郎。这里说的嫁对，还包括选对婆家。古代要求婚姻是门当户对的。这个观念曾经被批判过，但最近，人们渐渐从这句话里领悟到一些经验性的东西。门当户对，不能光理解为权势地位的相配，其实更重要的包括两个人、两个家庭之间，价值观要相似，文化背景要对等，这样，便于联姻后的交流顺畅。如果两个家庭之间有方方面面的落差，就容易给婚姻埋下不稳定的因素，容易因交流问题引发矛盾。

以上说的，是在选择婚姻前，关于对方家庭背景方面的考虑。这是婚姻稳定的基础，是先天的因素。

那么，幸福的婚姻，有没有后天的因素呢？当然有！

婚姻是需要学习的。没有人天生就是好老婆好老公。一个女孩，从姑娘变为他人新妇，需要学习，需要成长。

那么，赶紧的，好老婆课堂开课吧！学习如何爱老公，如何爱老公的家人，如何成为他永远离不开的那一半。

这是爱情的必修课，这是幸福的必修课。

# 成长第1计

## 要做婆婆最疼的乖乖媳

没有血缘关系的"母女"，如何能做到一家亲？其实很简单，只要以心换心，就能成为婆婆最疼的乖乖媳。

# 对号入座 来认领你家婆婆的款型

亲爱的女孩，你出嫁了。这件事情，在你的生活中，是具有转折性意义的。这意味着，你不仅有了一个爱人，你还有了一些陌生的新家人。

从结婚的那天起，你就多了一对和你没有血缘关系的父母。这其中，你最应该重视的，就是你的婆婆。

媳妇和婆婆的相处问题，对每个家庭来说，都不是小问题。大家都说，婆媳关系是最难相处的，因为你们都爱着一个男人。这个男人，是你婆婆身上掉下来的一块肉，你婆婆养育他多年，直到遇见你。对于你婆婆来说，这个男人是她最骄傲的作品，你结婚的那天，她把这件“作品”正式赠予了你。

所以，你应该对这个女人心存感激。

可是，光有感激是不够的，要相处，还是要知己知彼。所以，你的婆婆是什么款型，你要主动了解。

姐妹们，赶紧来认领你家婆婆的类型吧！

## 都市知识型强势婆婆

这类婆婆都是老知识分子，退休前都是业务骨干，作风硬朗，性格果敢。在家里基本属于“太后型”。说一不二。

**相处之道：**

避其锋芒，千万不要硬碰硬，要以柔克刚。

## 豪爽大气型婆婆

这类婆婆，不拘小节，爽朗豪气。说话很直不拐弯，但心地很善良，不计较。说话嗓门大，好像总在吵吵，但其实什么事也没有。

**相处之道：**

婆婆大气，你也别太小肚鸡肠。理解婆婆的真实内质，忽视她不拘小节的特点。

## 感性的悲情婆婆

这类婆婆最大的特点是感情特别细腻。她最强大的力量就是眼泪。她并不会大声和你说话，但如果你有不让她满意的地方，她会用无声的泪水来让你妥协。

**相处之道：**

这类婆婆，要以柔化刚，采取润物细无声的方式来了解她的喜好，不要在原则问题上与她相悖。

## 中庸平和型婆婆

这类婆婆，不疾不徐，特别淡定。没什么事情能让她方寸大乱。她不会对你大吼大叫，但你也很难从她的表情中判断出什么。她像一个性质稳定的化学元素，真的很平和。

**相处之道：**

常态相处，以淡定对淡定。

## 控制欲极强的婆婆

这类婆婆，和儿子的关系相当亲密，不少还是作为单身妈妈带大儿子的。在和儿子相依为命的过程中，她早已经把儿子当成自己生命中最重要的人。儿媳的出现，激发她本能的敌意。

**相处之道：**

不要刻意在婆婆面前与老公亲密，让婆婆产生被遗忘的感觉；要理解，你的老公不仅是你的爱人，也是婆婆最爱的人。有这么一个共同都在乎的人，你们应该有很多共同的话题。

## 乡村务农型琐碎婆婆

这类婆婆长年生活在乡村，基本以务农为主，性格纯朴，但思想保守，比较琐碎。生活节俭，显得有点斤斤计较。

**相处之道：**

尊重婆婆的生活习惯，求同存异。

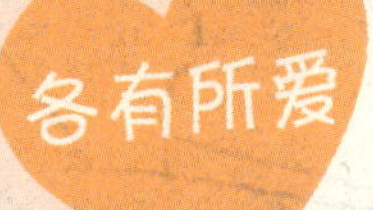


## 哪种媳妇婆婆最想娶进门

儿子大了要娶媳妇。这是婆婆们都需要接受的事实。对于婆婆来说，娶的儿媳妇好不好，不光关系着儿子的幸福，也关系着一个家庭是否和睦。婆婆最喜欢什么类型的儿媳妇呢？

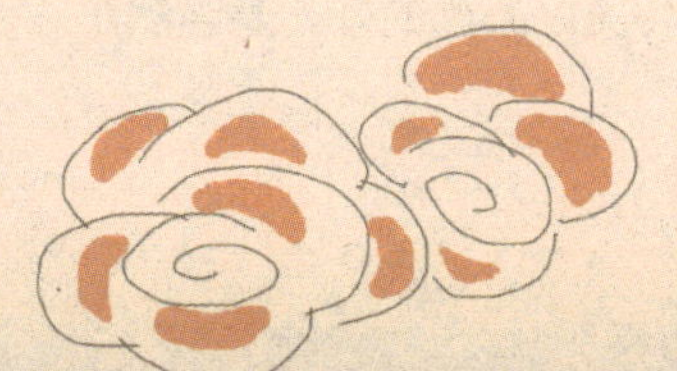

## 贤惠孝顺

无论时代如何发展，这一类的儿媳妇还是婆婆们的最爱。贤惠，意味着宜家宜室。性格应该是很温和、宽容的。对家人，有很好的兼容性。

孝顺，那更是一种人神共爱，放之四海皆准的良好品德了。孝顺的儿媳不傲慢，懂得尊重人，懂得换位思考，懂得站在对方角度考虑问题。

具备这两种美好品德的好儿媳当然是婆婆的心头大爱。

## 上得厅堂但一定也下得厨房

如果在二十年前，不会做家务是一个女人的“大罪过”。但时过境迁，进入21世纪，女人性格越来越独立。职场上进化了，生活上却退化了。不会做家务，如今，对于女人来说，再也不是大惊小怪的大事。

可有句俗话是“物以稀为贵”呀！如果，一个女孩，不仅能上得厅堂，也能下得厨房，那在众多女孩之中，一定会很耀眼。这类儿媳妇，婆婆们当然喜欢了。因为把这样的儿媳妇娶回家，自己的儿子在职场拼杀之后，能保证有热饭热菜吃，这美好的场景，怎能不让婆婆们心驰神往无比憧憬呢。这样的儿媳妇，肯定值得娶回家！

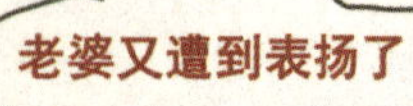


这媳妇真
傻

## 长得漂亮又乖巧

漂亮乖巧，这样的女孩人人喜欢，做儿子的喜欢，做婆婆的也不会排斥。有一个漂亮的儿媳妇，做婆婆的是很有面子的。

## 有工作不坐享其成

虽说男人养家是应分的，但当今社会，生活成本那么昂贵，光靠男人，那还真的有点吃力。婆婆们当然知道心疼自己的儿子了，谁也不想娶回一个不知道挣钱，只知道花钱的“公主”媳妇。

有工作，能和男人一起承担家庭的经济重任，这样有担当的儿媳妇，婆婆们没理由不喜欢。

## 又爱老公又爱家

爱，是一个家庭最重要的凝聚力。儿媳妇是否爱自己的儿子，婆婆们当然是特别在意的。自己的“优秀作品”，被放在一个很重要的位置去爱护，对于婆婆来说这样的感觉当然很好。

爱老公又顾家的女人，是一个让人感觉温暖安全的女人。这样的好女人，当然会被同为女人、妻子的婆婆喜欢。

## 与人为善懂得处理人际关系

到处惹事，到处添乱，这绝对不是一种好品质。懂得处理人际关系，在外能和邻里和平相处，在内能与家庭成员融洽和睦，与人为善的好儿媳，婆婆们肯定会珍惜。

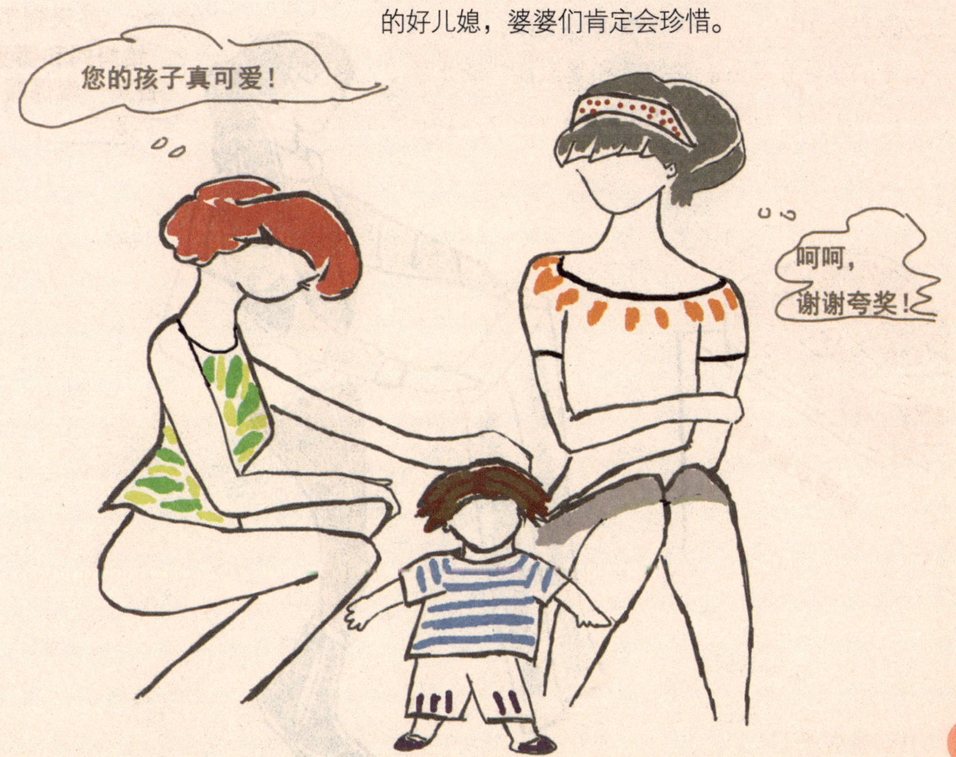

## 对娘家对婆家一视同仁

娘家和婆家，能一碗水端平吗？婆婆其实一直在观察儿媳妇。从血缘关系来说，当然是娘家更亲。可聪明的媳妇会自动给婆家加上“权重”砝码，因为，你爱这个男人，真的就应该爱他的家人。虽然没有血缘关系，但却有很重的缘分和情分。对娘家和婆家能一碗水端平，对于儿媳妇来说，很重要。

# 稀释婆婆们的失落感

婆婆把媳妇当成“敌人”，这听起来真的有点严重。可事实上，每个婆婆，在听到自己儿子有女朋友的消息后，心情都是很复杂的。有欣喜的成分，因为儿子已经长大了，即将开枝散叶；有伤心的成分，因为自己已经不再是儿子最爱的女人。

这种复杂的心情会持续好一段时间。所以，儿媳刚进门的时候，婆婆是会不自觉地怀有敌意的。只是不同的婆婆，敌意的比例不同而已。

既然是客观存在的事实，那就不要回避。要勇敢地迎上去，好好解决这个问题。看如何能够稀释婆婆的这种失落感。

首先，当然要弄清婆婆的失落在哪里？婆婆失落的最大原因是，儿媳的出现，感觉自己在儿子心中的地位直线下降。婆婆们这时会想起一句老话：娶了媳妇忘了娘。她们特别敏感，特别注意观察儿子的一言一行，看看是否真的应验这句老话。

妈妈，
小华长得帅，都是遗传了
您的优良基因呀！
看，这是小华
和我的合影……

其实，娶了媳妇忘了娘的人还是少数，婆婆们之所以有这样的感觉，是自己放大了这种失落感。

等婆婆们冷静下来后，也会理解儿子的这些改变。儿子有了生命中那个要爱的女人，这女人，要和他共度一生，和他朝夕相处，一起生儿育女，白头到老，他的注意力当然会更多地放到那个女人身上，因为注意力的分配问题，他们对自己的妈妈，确实是较以前来说，关注会少一些。是的，这道理是任何一个理智的人都明白的。

可情感有时是没办法那么理智的。

这可怎么办？这就要看儿媳妇如何做了。

聪明的儿媳，一定会帮助婆婆度过生命中这段心情复杂的阶段。她不会去刺激婆婆，不会刻意在婆婆面前显摆自己和老公的恩爱程度，不会因为老公爱自己，就霸占老公所有的时间。她会有心地去呵护婆婆的自尊心，让婆婆知道，她和婆婆都是那个男人生命中最重要的女人，她的出现，不是抢走婆婆的儿子，她的出现，不会改变儿子对自己妈妈的爱。她是上天派来和婆婆一起爱这个男人的。

和婆婆“化敌为友”，在聪明的儿媳看来，完全有可能。

# 变成婆婆心里的自己人

女儿和自己的母亲如何闹，都不会真正闹僵，因为，这里面有无法忽视的血缘关系。而儿媳与婆婆，正因为没有血缘关系，要做到真正的亲近，需要付出更多的真心。

儿媳如何才能变成婆婆心里的自己人呢？其实很简单，就是以真心换真心。

## 真心尊敬婆婆

不管你的婆婆是哪种类型，都值得做儿媳的去尊敬。因为，正是她，生下了你的老公，并悉心养育，让这个男人健康成长，最终成为你的爱人。也许，你的婆婆学识没有你高，没有你有品位，没有你有经济实力，但这些其实都不重要。她就是她，无需完美，只因你生命中那个重要的男人的关系，她和你成了亲人，这是一种缘分。如果你真心尊敬她，她能感觉到你的诚意。以心换心，婆婆也会以疼爱回报你。

## 真心亲近婆婆

所有的关系都是需要浇灌培育的。特别是这种后天形成的亲缘关系，更需要悉心呵护和维系。

真心亲近婆婆，和她交心，和她成为“闺蜜”，和她分享一些小秘密，情愿倾听她的烦恼和快乐，这些做法，都会拉近和她的距离。

## 真心疼惜婆婆

你爱一个人，一定会心疼他（她）。如果你想让婆婆把你当成自己人，你一定要让她感觉到，你爱她，疼惜她。关心她的健康，她的心情。在意她的感受。只要你真正把她当成亲人那样去关爱，相信她能感受到你的情意。

## 投其所好

# 学会“贿赂”你的婆婆

“贿赂”大多时候是贬义词，但在这里，因为特定的目的，因为心怀善意，它变成了褒义词。儿媳想和婆婆搞好关系，有时，真的可以用用“贿赂”的小手段。

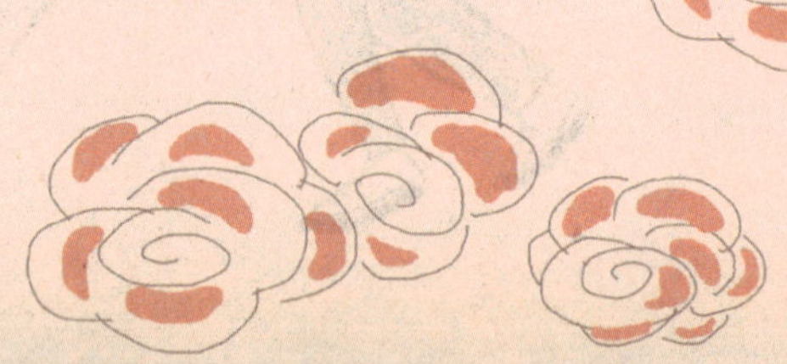

## 节假日的孝顺礼

如果你不和婆婆住一起，只有节假日见面，千万不要浪费了这样可热络感情的好机会。买点老人平时爱吃但又不舍得买的好吃东西，换季的话，给老人买应季的衣服，或针对老人的身体，买合适的补品，这些礼物，都能体现你的一片孝心。

## 特殊纪念日的温馨礼

一些特殊的纪念日，因为有特殊的意义，所以会被重视。儿媳如果要表达心意，在公婆的一些特殊纪念日，如公婆的结婚纪念日，准备一份大礼，公婆的内心一定倍感温馨。

## 貌似无意的爱心礼

在意一个人，你会时刻把他（她）放在心里。比如，逛街，看中一个漂亮的包包，如果这款包包也适合婆婆，那也给婆婆买一个吧。自己用过某样东西，很好用，那给婆婆追加一个吧。当你和婆婆背着同款包包，用着同样的东西时，你们的心，也就连在一起了。

亲善大使

## 让婆婆有面子的亲戚外交

婚姻不仅仅是两个人的结合，更是两个家族的结合。女人嫁到了夫家，当然不可避免地要和各位亲戚打交道。

各位儿媳妇千万不要轻视“亲戚外交”哦！你和亲戚们相处是否融洽，也是婆婆考察你的一个“指标”呢。

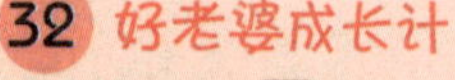

## 塑造亲和形象

你平时是不是为人骄傲，是不是有点小冷酷？赶紧把这些特点收起来。在亲戚面前，你要放下你的架子，放低身段，真心地和夫家的亲戚打成一片。这样的你，会让你的婆婆感到无比欣慰。

## 积极参加亲戚聚会

亲戚间平时很忙，但到了年节假日，一般会组织些聚会。这些聚会，就是亲戚间联络感情的重要场合。如果不是很忙脱不开身，做儿媳的，一定要和婆婆一起出席哦！

## 注重亲戚间的礼尚往来

中国人很注重礼尚往来。所以，在礼数上，做儿媳的一定要周全。亲戚的一些重要邀请，不仅要出席，还要准备好合适的礼物。礼数周全的儿媳妇，让婆婆脸上很有光。

# 成长第2计

## 好老婆“武艺”样样精

婚姻需要经营，
好老婆的“武艺”需要时时操练
才能越来越精。

# 老公最吃哪一套就来哪一套

夫妻两人因为婚姻走到了一起，可两人从小生活在不同背景的环境中，生活习惯，兴趣爱好，总是会有差异的。虽然求同存异才是最正确的做法，可人都是有改造欲的。所以，大多数人会把婚姻当成一场互相改造的“劳动竞赛”。

改造的结果如何？如果一方情愿被改造，那当然是皆大欢喜的。可也有两方都个性超强的，那就会两败俱伤，没有赢家。

好老婆，应该自动收敛自己的改造欲。千万不要挑战老公的底线。想获得老公的宠爱，就不要正面硬改造。可尝试把改造工程来个“软着陆”——老公最吃哪一套就来哪一套。

## 软硬兼施
## 改造不爱讲卫生的老公

大多数男人都有个错误的看法，觉得太讲卫生，就让人觉得像个“娘们”。好像只有粗糙一点，才算是纯爷们。

老公们在当单身汉的时候，住在单身宿舍，没女朋友，那基本就属于自由放养，无人管理的状态。袜子脏得可以立起来、衣服采取轮换制上岗（穿过不洗，轮过一圈，没衣服穿了，再看哪件干净穿哪件）……

结婚后，老公们当然惯性延续单身时的习惯。这是老婆们第一头疼的事情。怎么办？强令改正，一般都收效甚微。最好的办法就是软硬兼施。

## 软：

撒娇。梨花带雨地和老公痛诉不讲卫生的危害。如饭后不洗碗，容易让家里招来小强（蟑螂）和蚂蚁；睡前不漱口，容易长蛀牙和口臭（口臭，小娇妻就不想靠近了）；不洗澡不洗脚就上床睡觉，影响小娇妻的身体健康和睡眠质量。

## 硬：

在软的方式奏效后，顺势出台一些硬性标准，好言好语引导老公执行。

## 用表扬来鼓励爱表现的老公

有些老公是很爱表现的，这样的老公，一定要珍惜。因为，靠鼓励和表扬，就能让他们心甘情愿地做很多事情。比如，老公偶尔做了一顿饭，即使不够好吃，如果你希望他以后继续做，那就不能打击，就要大大表扬，大大肯定；再比如，老公出差，给你买了一件衣服，即使样式不够时尚，也不够合适，你也要先赞赏这种身在外心依然牵挂老婆的优良作风，至于购物的品味，那是可以慢慢引导培养的。

## 用无言的爱来感动感性老公

有些老公是很内向的。他们不爱多说话，但是内心很细腻。这样的老公，你最好的方式就是多做少说。如果你想让老公感觉到你的爱心，你不用在口头上多说什么，你默默关心他，细致地关心他就对了。天冷了，把要添加的衣服放在床头，下雨了，出门前，把雨伞递到他手中，如果可能，还可以每日为他准备爱心便当，让他的同事们都羡慕他。

# 适当的示弱让老公萌生保护欲

男人天生有保护欲，如果在平时的家庭生活中，他总是无处施展，他就会在家外施展。可怕吧?

所以呀，女人，即使内心已经相当强大，还是需要给老公一个表现的机会。

现代社会，职场对女人并不会特别优待。女人，在职场中，往往被模糊了性别，和男人一起冲杀驰骋。长期的磨炼，让女人们慢慢坚强起来。如果说，女强人，在20年前还是个稀罕物，到了现在，强女人，真是随处可见了。

强女人，习惯了自己为自己负责。柴米油盐自己操办搬运；灯泡坏了自己换灯泡；家里来了“小强”，光哭没用，自己想办法灭杀，要不“小强”能爬上床；受了委屈，无人安慰，只能自己搂着自己哭。

有一天，这样的强女人结婚了，刚开始，角色是无法马上转换，她们依然很强悍。坚强得让人落泪。可这会让那个做老公的人傻眼。他们心里嘀咕：敢情自己娶回的是个“哥们”呀！要知道，那种感觉是很失落的。

所以，女人，一旦结了婚，就卸下沉重的“盔甲”吧。桥归桥，路

归路。女人做回女人，让男人更感觉到自己是男人。

即使你可以，也学会示弱吧。再看见“小强”？别再勇敢地冲上去直接拍死，把这机会留给老公。你只负责惊叫，扑到老公怀里小鸟依人梨花带雨就够了。

灯泡坏了，一定要让老公来换，要不，男人那魁梧的身材不是浪费了吗。沉甸甸的重物，你纤细的小手千万不要再去碰了，你看，老公正摩拳擦掌地准备大显身手呢。

老婆们，给你们的老公表现的机会吧！因为上天安排了男人和女人在一起生活，讲究的就是个阴阳协调，别过界，这样，你的老公才会更疼你。

# 安抚老公的胃就是给他最好的抚慰

会做饭的老婆是个宝。会做饭的老婆，在老公心里一定是加分的，无论时代如何变换，这一定是不变的金科玉律。外面的山珍海味，吃多了，也是会腻的，还是家里的饭菜有永久的吸引力，因为，那里面自有一种家的特殊味道。

## 巧手烹制家乡味道 抚慰老公的思乡之情

人虽然不是植物，但也是有根的。如今，能一辈子不离开家乡的人越来越少，不少人，都漂泊在了异乡，内心疲惫的时候，如果能吃到家乡的味道，那会让人感觉很温暖。压力顿时消失，信心倍增。聪明的老婆，一定要好好学做几道老公家乡的地道小菜哦。当你端到他面前，你一定能看到他的眼眶里满含着的感动的泪水。

# 西餐在家做 让老公品尝异国风味

有一类老公是很“西化”的。天天吃中餐，会觉得太千篇一律。聪明老婆们，学做几道好吃的西餐吧。在一个浪漫的夜晚，点上蜡烛，有鲜花，有红酒，奉上一顿富有异国情调的晚餐，甜蜜的吻，就是他对能干老婆的最大嘉奖。

# 一锅滋补好汤 给老公添加能量

男人在职场中是很辛苦的。温暖的家就是他的加油站。心疼老公的老婆，炖上一锅滋补好汤吧，给疲惫的老公补元气，补补精、气、神。美味的好汤，渗透的是丝丝情意。

## 流行美味
## 让老公足不出户尽享饕餮乐趣

每一年，都会有一两道流行美味风靡大江南北。如之前的麻辣小龙虾。如果老婆会做流行美味，而且还做得像模像样，不比饭店做的逊色，老公没有理由下了班不回家。

# 做好老公贴心的服装顾问

有人说，一个已婚男人，只要看他的衣着打扮，包括整洁度和搭配的和谐度，就知道他的老婆爱不爱他。这话没错。

一个疼老公的老婆，一定会是他最贴心的服装顾问。一定会根据他职场中的不同场合，给他不同的搭配建议。

## 内衣和袜子
## 体现了对老公的关爱度

有一类人，很注意外衣的光鲜，但对内衣的关注很不够。他们觉得，只要外面的服装够品质够档次，里面穿什么，谁知道。

这句话，大大地错了。看一个人是否有品质，其实是看内衣和袜子。

先说内衣。因为内衣是最贴近肌肤的服装，一个爱自己的人，一定是会注重内衣的品质的。同理，一个关爱老公的老婆，一定会关心老公的内衣穿得是否舒服，是否合适。

所以，好老婆们，要重视给老公购置内衣的功课哦！品质和舒适度最重要。全棉的是首选。另外，还要注意做工。不能缝制粗糙和掉色，否则，让老公穿一条到处是线头，掉色严重的内衣去上班，那是严重失职的。

再说袜子。挑选袜子，一是看质地、品质，而是看色彩。袜子要挑选吸汗的材质，这样，才能避免老公的脚出汗造成的尴尬。颜色方面，要根据老公鞋子的样式和颜色来挑选。最忌讳的是白色运动袜搭配正装皮鞋。好老婆们，别搭配错了，让老公露怯哦！

让我看看标签，是
不是全棉的。是不
是正品。

## 给老公准备好整洁有气质的通勤装

每个老婆在做自己老公的“服装顾问”前，需要先了解，自己老公属于哪种风格类型。是时尚俊朗型，还是英伦优雅型，是白面书生型，还是运动活泼型。另外，还要根据老公从事的职业，正确定位。

定好位好，就该给老公购置好日常的通勤装。衬衣和裤子，都要购置好基本款。如果老公不是从事时尚业的，购置的服装一般需要考虑兼容性，个性是第二位的。

## 重要场合的服饰搭配要有点睛之笔

什么叫做重要场合？就是一些重要的典礼、会议，一些重要的会面。这些场合，一般都需要认真搭配服饰。如果不是场合中的主角，需要的是低调之中的品味彰显。重点要搭配好的是衬衣、领带、手表。

其中，衬衣和领带的搭配最看功力。色彩和花纹的融合度，很考验老婆们的品味。如果对自己的搭配不够自信，不妨多看看一些男装杂志，培养自己对于服装的样式及色彩的感受力。这样，搭配起来就如信手拈来了。

# 打造家居的甜蜜温馨度

家是什么，家是打拼后，休息和加油的幸福港湾。家的温馨程度如何，也体现了夫妻之间的感情热度。

好老婆，会注重家居的甜蜜温馨度，给老公一个回家的理由。

## 整洁度提升愉快指数

谁都喜欢清洁的环境，谁愿意在“牛圈”里生活。家里整洁明亮，人的心情都会明亮起来。设想一下，如果家里乱成一团糟，袜子乱扔；脏衣服到处是；床上，被子不叠；水槽里，一大堆待洗的餐具。这样的家，谁会感到愉快呢？

## 温暖度提升依恋指数

温暖度如何打造？一是指硬件上的，居家的摆设要接地气，让人有亲切感。不需要多豪华，不需要多昂贵。不能冷冰冰的，家具是家具，人是人，要看这其中的契合程度。舒适，好用。这就需要好老婆动脑筋了。从居家风格的确定，到家具的挑选，需要用足一百分的爱心。温暖的小窝，

## 浪漫度提升情趣指数

好老婆明白，家，需要处处体现个“情”字。情趣，是需要营造的。如，根据心情更换床单，重要日子换上主题鲜花，甚至根据季节更换应景的桌布和窗帘。这些小细节，足以考验老婆的爱家爱老公的程度。

# 会理财的老婆招人爱

你不理财，财不理你。老公再有钱，也架不住老婆乱花。这个社会，有钱不是万能的，但没钱是万万不能的。一个家庭要平稳向前，老婆会理财，很重要。

会理财的老婆，不仅能控制好每月的正常开支，做到名目细致，来去清晰，还能把家里的财产做好规划。获得更好的短期长期受益。

## 好老婆不怕记流水账

有人觉得，日常开支有什么必要记呢。知道个大概，大数对就行了。这种观点可不对呢。做什么事情都需要有计划的，再小的支出，只要有计划，注意节约，都能集腋成裘。

好老婆不怕记流水账，吃的，用的，都记录下来，这样就对家里的日常消耗就心里有数了。另外，通过记账，还可知道物价的起伏情况，甚至可比对出同一种物品不同卖家的价格情况。

## 好老婆的投资理财经

好老婆除了会记账，还要会投资。什么钱该存银行，怎么存；什么钱买保险，给谁，买什么保险；什么钱可以买基金；什么钱投资不动产……这些都要有计划。另外，还需要有各种专项资金的储备，如孩子的教育资金、医疗的基本资金、旅游资金等。

# 不做粗心老婆 关心老公健康

男人是一个家庭的顶梁柱，做老婆的，该好好爱护。平时，要注意老公的健康问题。不能做个粗心的老婆。要帮助老公发现亚健康状态，及时调整。

作为最亲近的人，老婆有个便利条件，就是能够近距离地观察自己老公的脸色。这样，就能够观其色早日发现健康隐患。

身体健康的人，脸色红润，表示血气充盈；而身体不适的人脸色苍白，表示血气虚衰。

一般来讲，健康人的脸色通常是微黄，显红润而有光泽；不健康的人常常表现出多种异常的脸色，如苍白、潮红、青紫、发黄、黑色等。

## 苍白脸色

一般是由于脸部毛细血管充盈不足而引起的，中医认为这大多是属虚病或寒症，是体质差的表现。此外，如大出血、休克引起毛细血管强烈收缩，甲状腺机能减退、慢性肾炎、铅中毒等，也会引起脸色苍白的现象。

## 潮红脸色

有生理与病理性两种。前者出现与饮酒、日晒、剧烈运动或情绪活动，如愤怒、害羞等有关；后者主要是发生在感染引起的高热性疾病，如伤寒、疟疾、肺结核、肺炎等。如服用阿托品等扩张血管的药物，以及大量服用激素后，也会引起脸部暂时潮红的现象。

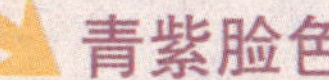

## 青紫脸色

大多由于缺氧而引起，剧烈的疼痛常常使脸色苍白而带青紫，心力衰竭、先天性心脏病等，也都会使脸色变为青紫。

## 发黄脸色

大多由于细胞损害，或胆道阻塞使血液中胆红素浓度超过正常范围，渗入组织与黏膜而造成的，医学上称之为“黄疸”。主要是见于急性黄疸型肝炎、胆结石、急性胆囊炎、肝硬化、肝癌、胰头癌等患者。

## 黑色脸色

中医认为脸色发黑是肾亏损的表现，故常用补肾药物予以治疗。此外，肝硬变、肾上腺素功能减退症、慢性肾功能不全、慢性心肺功能不全、肝癌等患者，也会脸色变黑。

# 成长第3计

## 照顾好老公的朋友圈

老公的朋友圈，相处好了，
就是你的后援圈。

# 让老公有面子很重要

男人最重视什么？男人最重视尊严。一旦尊严被践踏，男人的世界就崩溃了。聪明的老婆，一定会悉心呵护老公的面子，让他自信满满，从容驰骋。

## 在外不做邋遢妻

男人都希望自己的妻子漂亮而有气质。谁也不希望自己的妻子真的是面露菜色的“糟糠之妻”。所以，做老婆的别以为老公不在乎你的穿着。你的衣着打扮是否得体，是否有品位，直接影响到他的面子。那么，什么叫做得体和有品位呢？衣着整洁有品质，符合自己的气质，不过分妖艳，也不显得灰头土脸，这就是得体有品位了。

老婆，谢谢你没有在我朋友面前和我争。

呵呵，老公。我懂，要给你面子。

## 在朋友面前不要和老公争辩

老公当然不是什么万事通，处理事情，当然是有对有错的。这大家都知道，做老公的，自己心里也清楚。但聪明的老婆，一定知道，不能在老公的朋友面前就一些问题和老公敞开了争执。在有朋友在场的场合，非要争辩出个胜负输赢，那是很扫男人的面子的。无论大事小事，即使你知道自己板上钉钉的是对的，你也要低调。把问题延后处理。

## 在外人面前夸夸老公

谁都喜欢被表扬。夸奖的力量有时真的大过物质奖励。要让老公有面子，可以经常在外人面前夸夸老公。找出老公的优点，好好夸赞一下，不仅让老公充满了继续发扬的动力，还能让他特别有面子，真是一举两得！

# 发掘与老公的共同爱好

与老公有共同的爱好有多重要？很重要，很重要，很重要！

最近热播的家庭情感剧《浪漫向左婚姻向右》里就塑造了这样一对夫妻，丈夫是一名出版社编辑，感性，爱文学，爱情调，爱浪漫；妻子则是一名理性的外科医生，几乎与浪漫绝缘。他们之间，因为缺少了共同的爱好，生活中摩擦多多。其中，有一个情节是很值得深思的：周末，妻子坚持要利用休息时间来打扫卫生，而丈夫则希望利用这个难得的周末一起去看一场话剧。结果是，妻子拒绝了丈夫的邀请，表示自己对话剧完全没有兴趣，情愿留在家里继续打扫卫生。失落的丈夫只好自己去看话剧，在路上，一个女性朋友恰巧给他打电话，并表达了对话剧的喜爱，然后，两个人就顺理成章地一起去看话剧了。由于妻子的缺位，让另外一个女人有了和她丈夫分享爱好的可能，有了让感情旁逸斜出的可能。这一出，对于夫妻关系来说，是多么危险！

所以，千万千万不要忽视培养与老公拥有共同爱好的重要性！

## 与运动型老公谈运动谈足球

如果你的老公是个运动迷，那你可不能对体育活动敬而远之。如果你的老公是个足球迷，你又不希望每次到了重要赛事时期都变成足球寡妇，那就一定要培养自己对体育运动，对足球的爱好。

一个和老公半夜起床一起看欧洲杯，一起为精彩进球欢呼干杯的老婆，一起为心仪球队错失进球良机而沮丧的老婆，是老公心爱的好老婆。

## 与文艺型老公看画展看电影

文艺型的老公有一颗细腻的心，他会为月亮的阴晴圆缺而感怀，他会为电影中那虚构的悲欢离合热泪盈眶。他会迷恋梵高的向日葵，也会在塞尚那阳光斑驳的花园里沉醉……

如果你的老公是这一型的，无论你平时在工作中多么理性，都放下吧。让心灵变得更柔软一些，再柔软一些。无论平日再忙，一定要有时间，一起去看画展，看电影，一起风花雪月，浅吟低唱。

## 与财经型老公聊经济聊投资

有一类老公喜欢谈论“钱”的话题。他们的生活中，“赚钱”是职业也是兴趣。如果你嫁的是这类老公，你就要做好思想准备，要做一个懂经济投资的精明老婆。这样，你就不必在他大谈国际经济形势时只睁着茫然的双眼一头雾水了，你的精辟观点，你的独到见解，收获的不仅是赞许，也许还有很浓很浓的爱意。

# 多参与老公朋友圈的聚会

别以为结婚只是两个人的事。其实，婚姻的缔结，有很多种关系都在交互渗透。比如说，彼此的朋友圈。

你是否喜欢老公的朋友圈？你对他们的评价如何？你会经常参加他们的聚会吗？

也许有人说，我嫁的是我老公，和他的朋友们有何关系？如果做老婆的这么想，那就大错特错了。

男人，即使娶了老婆，也没有办法只要老婆不要朋友。朋友圈，不会因为他单身生活的接受而消失。男人的朋友，特别是关系特别铁的朋友，他们的友情，能历经沧桑，持续多年甚至永远。有时，这种友情比爱情更为稳固和持久。

既然是这样，做老婆的，当然要正视现实，尊重老公的朋友，重视他的朋友圈。如果你能融入他的朋友圈，多参加老公朋友圈的活动，你会发现，意外的收获，超出你的想象。

## 换个侧面了解老公

在朋友聚会中，你有机会了解到，你眼前的男人，和你们二人世界中的他有什么不同。朋友圈中的他，和你拉远了距离，你也许会发现他更多优点，更多魅力。他的谈吐，他的见解，他的组织能力，也许能让你刮目相看。距离产生美，换个侧面了解老公，站在一旁了解老公，你会对老公有种新鲜的认识。

## 更多时间和老公在一起

多参与老公朋友的聚会，就有更多的时间和老公在一起。平日，你和老公都要上班，只有周末大家能在一起。可老公的周末，有时不仅仅属于你。他也需要利用周末，和老朋友们联络感情，小聚一番。不少老婆，在这个问题上很容易与老公闹矛盾，有些任性的老婆甚至还给老公出了一道很破坏夫妻感情的单选题：你到底是要老婆还是要朋友？

聪明的老婆不会这样逼迫老公，她们会换个角度想问题。如果老公有朋友聚会，当然会占用你们单独相处的时间，与其撒娇耍赖阻止老公参加，不如与老公同进退，一起参加。这样懂事的你，不仅没有失掉和老公相处的宝贵时间，更能收获老公无尽的感激。

## 在朋友圈里 强化夫妻恩爱的对外形象

婚姻幸福，绝对是令男人自豪的事情。一个男人，如果总是形只影单地参加朋友聚会，一定会让他内心失落。搂着小娇妻，出双入对地出现在自己的朋友圈面前，男人会自然而然地意气风发，充满自信。

# 让老公的哥们成为你的同盟军

老公的哥们是你的敌人还是朋友？这个问题，做老婆的真要好好思考下。很多老婆对老公的哥们怀有天生的敌意。觉得他们不仅和自己抢老公的时间，有时，老公在外做“坏事”的时候，他们还会替老公打掩护。

有没有想过对老公的哥们实行“策反”策略呢？争取把他们拉拢过来，成为你的同盟军，“化敌为友”！

试试看，那真是好处多多。

## 同盟军是自觉自愿的“眼线”

老婆不是担心老公的哥们朋友总是为老公做“坏事”打掩护吗，如果老公的哥们是你的同盟军，那就不用担心了。有时，你说不了的话，由老公的哥们说，那就显得客观多了，顺耳多了。有了这样的同盟军，你就不用担心老公“阳奉阴违”了。

## 同盟军是“婚姻黏合剂”

如果老公的哥们是你的同盟军，你的事就是他们的事情。他们和你及你的老公都那么熟悉，熟悉到，他们不希望你们的婚姻半途解散。所以，一旦你和老公有了小矛盾，需要人做和事佬的时候，一定要记得把同盟军请出来。他们特殊的角色，超强的说服力，一定让你们的矛盾消失无影踪。

## 同盟军多吹耳边风

你的贤惠，你的贤良淑德，你的优点，由于你老公离你太近，有时会看不见。可你的同盟军和你的距离刚刚好，你的好，他们都看在眼里。如果你和他们的关系够铁，他们就会经常在你老公面前吹耳边风。自己的哥们夸自己的老婆贤惠，哪个老公不爱听呢。

# 太太团也是家庭的凝聚剂

老公的哥们如果不是单身，他们的夫人或女友应该也是经常活跃在老公朋友圈的人。

这些在男人外围的女人，也被叫做“太太团”。她们本来并不认识，因为男人之间的友谊，被拉进了这个交际圈。女人与女人认识后，不少人后来还“反客为主”，不再是外围人员，不再是泛泛之交，不少人成为了无话不说的亲密好友。

太太团绝对是个力量很强大的团体。因了老公们的关系，太太们成了朋友，她们对自己的丈夫当然是有影响力的。太太团，就如一种中间介质，能对交际圈里的各个家庭起到正面的凝聚作用。

## 太太团的微妙身份 稳固着各自家庭关系

太太们是因为各自老公的友谊才有机会相识相知。进入老公的朋友圈，她们都不是独自一个人，她们都有一个附加的身份，那就是，她们是某人的太太或女友，或者说，在这个交际圈里，她们和自己的男人是一体的。这种身份，让她们更珍惜与丈夫的和睦关系，这种身份，对她们各自的婚姻有一种微妙的约束关系。

## 太太团成员间的友谊 促进各自家庭的和谐

太太团们最关注什么，那当然是家庭关系了。平日交流的重点也离不开这些方面。如果一位太太遇到了家庭关系难题，其他太太们自然不能袖手旁观，献计献策，群策群力，没有什么问题解决不了的。这种友谊，能够促进各自家庭的和谐。

# 太太团互通有无信息共享 维护家庭稳定

太太团里都是爱丈夫爱男友的女人们，如何防止男人出轨？太太团们有高招。其实这高招很简单，那就是，互通有无，信息共享。如果有哪位太太的老公动了歪心思，他那点花花肠子可是藏不住的，想让哥们给打掩护，那可不容易，因为那哥们，身边的太太就是太太团里的“联防队员”呢。

# 热情邀请 老公的朋友来家做客

如果一个男人很好客的，娶的女人一定要是同类，否则就会相当痛苦。见过太多这样的夫妻了，结婚前，男人很多哥们，平时也经常和哥们玩在一起。结婚后，由于老婆比较冷漠，哥们来家都是给脸色的，久而久之，哥们都不敢登门了，也就疏远了，做老公的，又不敢发作，只能在心里郁闷。

男人是不能没有友情的。所以，贤惠的老婆，一定要理解男人这个特点，不要把老公的朋友拒之门外。

## 把家变成游戏沙龙

如果你足够有趣，你的家也有足够的空间，可以把家变成一个游戏沙龙，到周末，可邀请老公的朋友们来家里玩如三国杀这类的桌游。可以多人参加的桌游是一种有趣的集体游戏，最能联络朋友感情。别担心吃喝的问题，可采取AA制叫餐。这样方便又省事。

## 把家变成文学沙龙

爱好文学的老公一定有一批趣味相投的文友。文友们最大的精神享受就是聊天，聊作品，聊观点，聊现象……如果你能理解老公的这个精神需求，那就热情地邀请他的文友们来家畅谈吧！如果你能给他们准备好香茶和小点心，那就更完美了。

# 好老婆新菜美食汇

## 把家变成美食沙龙

家里有一个做得一手好饭菜的老婆是很令人自豪的。如果你愿意给老公这样一个显摆的机会，那就不定时地邀请老公的朋友们来参加你的美食沙龙吧！不见得要操办一大桌子，就定位为新菜美食汇好了，如果老公的朋友中有同好者，可让他们每人准备一个自己的拿手菜，一起带来你家，请众人品尝，一决高下。

# 不查岗给老公自由

大多女人或多或少都患有焦虑症。特别是那种很黏人的女人，一旦嫁为人妇，这种焦虑感会加剧。老公只要不在眼前，她就会想：老公不会是在外面泡妞吧，老公不是背着我在外面胡来吧。这种焦虑感会让女人失掉理智。

失掉理智的女人会变得无法理喻。智商会直线下降。会做出很多让老公抓狂的事情来。其中，查岗就是一种女人缓解焦虑的通常行为。

查岗的女人，会把老公当成一只风筝，她时刻保证这条线要在自己手上，一旦她看不到“风筝”，她就会下意识地拉拉手中的线。

谁也不乐意和一个近身盯防的“家庭警察”共同生活，那种令人窒息的感觉能够消融一切原本美好的感情。这时的爱，就像一捧沙子，你越想抓紧，散落得越快。

聪明的老婆不会查岗。因为要靠这种方式来让老公忠诚，那一辈子的累是受不完的。

可这是否就意味着对老公不闻不问，彻底地放任自由？当然不是。

## 不查岗，让信任感成为老公自我约束的无形力量

婚姻中不能没有责任感，这种责任感，不需要口头强化，最好的强化力量就是对方的信任。聪明的老婆会善用这种力量。给老公信任，是对老公人格的肯定，这种被肯定，往往让老公自觉生出对家庭的责任感，能够自觉抵御外界的诱惑。

# 不查岗，让归属感成为老公依恋家庭的强大动力

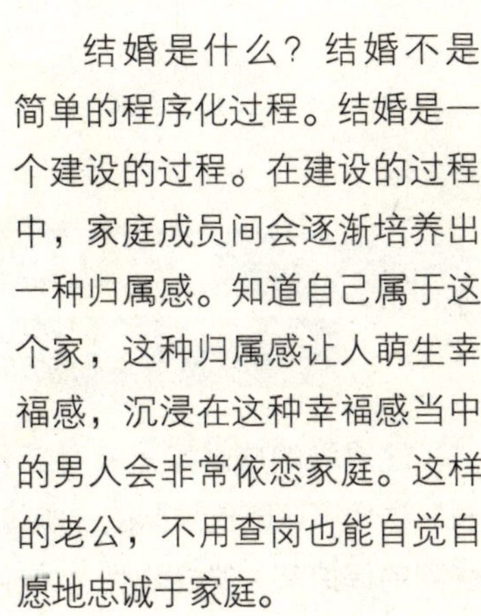


结婚是什么？结婚不是简单的程序化过程。结婚是一个建设的过程。在建设的过程中，家庭成员间会逐渐培养出一种归属感。知道自己属于这个家，这种归属感让人萌生幸福感，沉浸在这种幸福感当中的男人会非常依恋家庭。这样的老公，不用查岗也能自觉自愿地忠诚于家庭。

## 不查岗，让成就感成为老公不离家的最大理由

这里说的成就感是针对老公来说的。聪明的老婆会让老公沉醉于“家长”这个不可随便辞职的“职位”中不想自拔，并经常感觉到做家长才能享受到的保护家人的成就感。这种成就感是一种珍贵的精神鼓励，也是老公不离家的最大理由。

不查岗，给老公松绑，给爱松绑，这样才能收获幸福。

# 成长第4计

## 让自己做一个保鲜美人

聪明的女人如同一本不知情节的书，
有神秘感，有悬念，
这样才能让老公一生追寻，
永不厌倦！

# 别让老公产生审美疲劳

恋爱的时候，女孩在爱她的男孩眼中，几乎是十全十美的。无论是外貌身材还是脾气秉性，统统都那么可爱。这时的女孩，几乎不用花什么心思。因为痴恋着他的那个男孩，其实正处于一个被爱情麻醉的时期，“读你千遍都不厌倦”。

有专家对这种现象有过科学的解释。爱情会让人产生一种叫做多巴胺的物质，这种物质能让人处于兴奋和激情当中，心里充满愉悦之感。可多巴胺这东西不会一生伴随，据说，它的消退期是3年。也就是说，无论多深的爱情，经过3年后，激情就会退去。

看到这里，那些已嫁为人妇的女孩们就明白了，为何结婚后，老公看我，再没有热恋时的深情，总显得那么漫不经心。这都是多巴胺消退的缘故。

既然知道是个自然规律，老婆们，那就泰然处之，积极面对吧。不能任由这种情况恶化，要想办法哦！

办法，还是有的。

## 重视女性美感 不让老公产生视觉疲劳

所谓的审美疲劳，就是长期得不到审美的刺激造成的。很多女人觉得，结婚后，就等于是获得了一张有效期为永远的保证书。觉得婚姻进入了保险箱，再也用不着取悦老公了。所以，把老公对于审美的需求不当回事。在老公面前，彻底放弃女性的美感，不讲究穿衣打扮，不顾形象。经常蓬头垢面地出现在老公面前，长此以往，老公不产生视觉疲劳才怪呢。婚姻需要经营，老公的审美一生都需要关注。在老公面前，做老婆的要重视女性美感，千万不要模糊性别。

# 重视气质修炼 不要让老公产生魅力疲劳

女人的容貌不可能保持一生不变。有人说得好，30岁之前，你主要靠父母给的容貌；30岁后，你的容貌就要靠自己修炼了。岁月可以消磨你的容颜，但不能消磨你的魅力。聪明的女人，能把岁月沉淀下来，变成自己的内涵，内涵才是让女人一生美丽的关键能量。因此，结婚后，老婆应该更注意自己的气质修炼，让自己在老公面前有更丰富更又层次的美丽，不让老公产生魅力疲劳。

# 让自己有点神秘感

有些女人，结婚后，仿佛一切都交给老公了，在老公面前完全透明，以为这样百分百的“坦诚”就能获得老公的喜爱。错，恰恰相反！一个没有神秘感的女人，如同一本容易猜到情节的书，很容易让老公失掉兴趣，很容易让婚姻变得乏味没有新意。

聪明的女人，会让自己一生都保持着神秘感。让老公觉得，要用一生来“揭秘”。

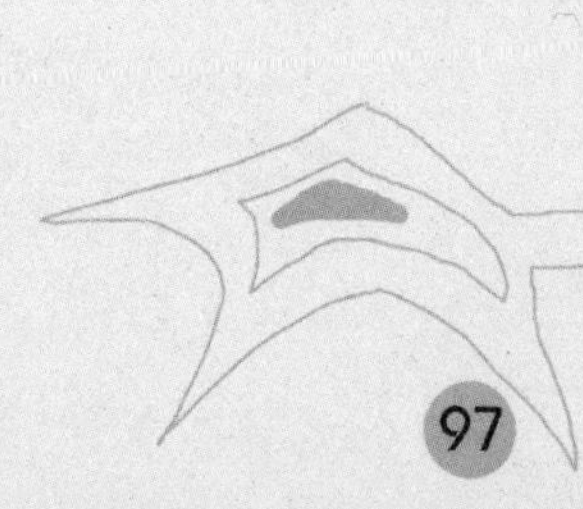

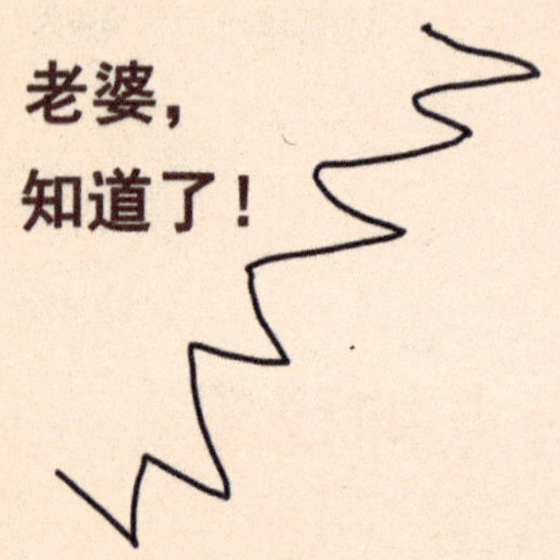


老公，我要换衣服，你先别进来。

## 一生都要保持女人的娇羞

有些女人，以为结婚了，对自己的老公，什么都不用避讳了。在老公面前完全抛弃了自己的性别，当老公是透明。当着老公的面换衣服，上卫生间、洗澡都不关门……平时说话也粗门大嗓的。这样做其实是很危险的。女人的娇羞一定是一种杀伤力很大的武器，这种由性别产生的神秘感，一生都需要保持。

## 每个女人，都有不能说的秘密，

### 有点自己的小秘密

女人再爱你的老公，都不能任何事情都和盘托出。要能存住事儿。再亲密的爱人，也要在心里留下一个只属于自己的角落。有秘密的女人才迷人。

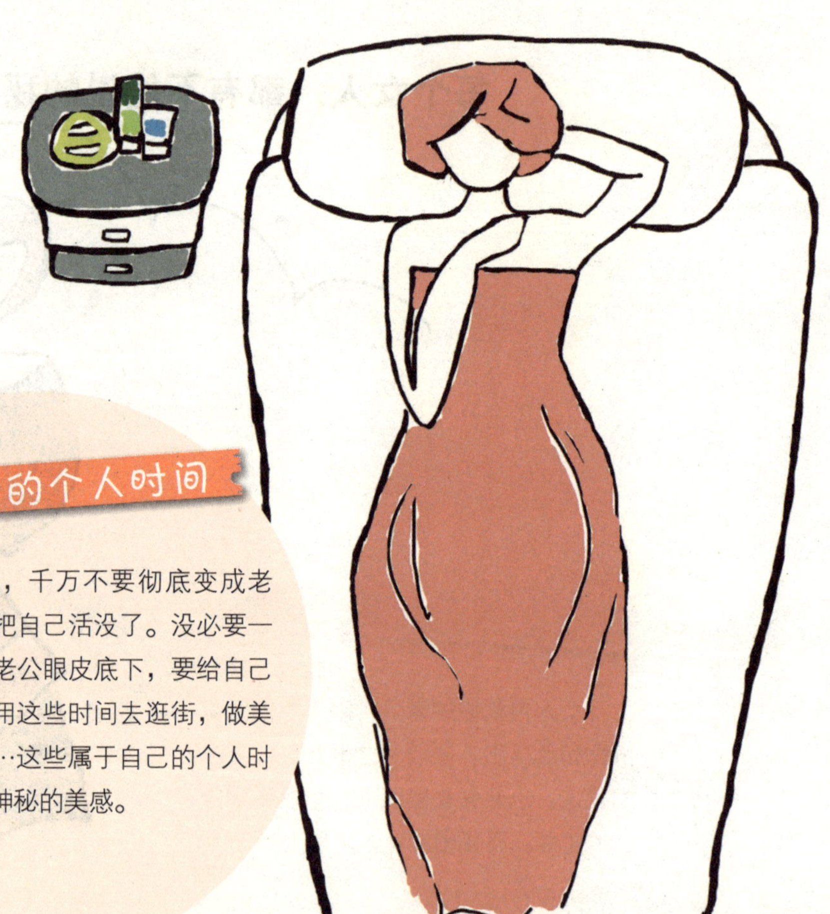

## 有点自己的个人时间

女人嫁了人，千万不要彻底变成老公的附属品。别把自己活没了。没必要一天24小时，都在老公眼皮底下，要给自己留点个人时间。用这些时间去逛街，做美容，或者读书……这些属于自己的个人时间，能让你充满神秘的美感。

# 有品位才能吸引他

女人靠什么吸引男人？外貌？身材？对于第一印象来说，上面说的这两样确实很重要。具有天使的面孔，魔鬼的身材的女人，一定是更能吸引异性的。但这是不是绝对的？相貌平庸的女子有没有翻盘的机会？

当然有。

女人如花，娇艳的时间很短，30岁后，主要靠的是气质。所以，相貌平平的女子不必自怨自艾，注重内在修养的积淀，30岁之后，你一定能享受到胜利的成果。

## 爱阅读的女人有深度

阅读可增加见识，这谁知道。把阅读当成生活必须这就不容易做到了。我们有太多借口沉浸在忙碌的生活中，总觉得没有时间没有精力去进行阅读这么奢侈的活动。其实不然。临睡前，你只需要提前半个小时上床，舒舒服服地靠在床上，你就能享受到阅读的兴趣。集腋成裘，渐渐的，你会从阅读中汲取能量，沉淀成你的内涵，成为一个思想有深度的女人。

## 有爱好的女人有魅力

你清点过自己的爱好吗？唱歌？跳舞？画画？收藏？做手工DIY？不管是什么，只要那能成为你除了工作之外的特长，那就值得坚持。有爱好的女人不缺乏专注，那种为一件事情全心投入的状态会让你魅力四射。

## 懂情调的女人有人气

没有哪个男人喜欢一个没有情调的女人。有情调的女人，能把家里布置得温馨漂亮；有情调的女人注重生活的质感，够细腻，够用心；有情调的女人，能把自己打扮得可人清新，也能把老公照顾地妥帖而得体。这样的女人很有人气，一定能把老公的目光紧紧吸引。

# 人为制造小离别

既然前人有云：小别胜新婚，那我们就不要小瞧了小别离在增进夫妻感情上的作用。天天黏在一起，优点就会退居二线。缺点就容易被无限放大，这有多可怕。

小别离，靠自然状态，很多人没法做到。在一个城市里上班，每天的生活如同时钟一样刻板。不动点小心思，还真的要被迫天天黏在一起，直到互相厌倦。

既然自然状态没办法做到小离别，那就人为地制造一下这种机会吧。

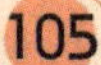

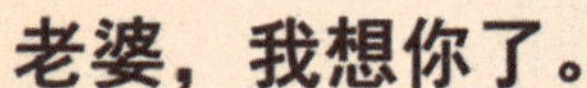

## 短期出差制造距离美

这里要强调的是短期出差，说的可不是一去一年半载，三年五载的长差。短期出差能够制造距离美，让老公从老婆不在家的欣喜中刚刚变成浓度合适的想念。时间太长，想念就会变成怨恨，再继续发酵，就变成了漠然。那时，距离产生的不是美，而是感情破裂了。

## 一个人旅行留给他思念空间

“奶茶”刘若英和黄立行唱过这样一首歌《分开旅行》，唱的是一对恋人，也许是走进了爱情的瓶颈期，于是，把矛盾搁置，暂时分离。一个去洛杉矶，一个去巴黎，分开旅行。有时，一个人旅行正是给了爱情一个喘息和反思的时间。一个人旅行，这只是个短短的不见而已，留给他思念的空间，等你回来，曾经的不快也许就会云淡风轻。

## 回趟娘家让他想念你

这里说的回娘家，一定要和那种因为吵架跑回娘家的情况区分开。这里的回娘家，是高高兴兴地回。回娘家，因为目的地安全，老公也放心。如果娘家远，有假期那就去一周左右，如果娘家就在当地，那就利用个周末独自回去，这样小小的别离，对感情来说，就是种“饥饿疗法”，无论是吃饭还是感情，七八分饱就行，太饱，容易腻。

# 多侧面多魅力

女人不应该是本看开头就知道结尾的浅薄的小书，而应该是情节跌宕起伏，引人入胜的充满悬念的大部头。

只有这样内涵丰富，多侧面的女人，才会让人一生着迷。

这里特别想说说花木兰。

花木兰是个女生，如果她一辈子都“唧唧复唧唧，木兰当户织”，在机杼声中度过青春年华，然后在适婚年龄像普通的女人那样结婚生子，那她的故事，也就没有人感兴趣了。正是因为她敢于展示自己的另一面——武艺超群，才有了替父从军这经历，才成就了她的传奇。

所以，老婆们，想让老公觉得你有魅力，那就在适当的时候让他大吃一惊：原来你还有这一面。但要记住的是，这个“惊”是惊喜的“惊”，不是惊吓的“惊”哦！

## 娴静淑女变身热力舞娘

如果你平时一副娴静温柔的样子，不妨去学学拉丁舞，这样的反差，会让你释放出平时自己都不知道的活力和能量。等你足够有信心的时候，某个周末，你可以把老公的眼睛蒙起来，换装变成热力舞娘。当你把他的蒙眼布摘下来，你能看到老公那欣喜万分的表情。

## 女强人也有细密女人心

也许你这个做老婆的在职场上有点强势，工作风风火火，业绩喜人，收入喜人。这是职场上的你。可千万不要把这种强势带到生活中！回到生活中，给老公看到的那一面，最好还是女人味浓些。在家里，最好展示你细密的女人心。闲暇时，给老公手织一条围脖吧，把你细细密密的关爱织进围脖里，给老公一个大大的惊喜。

## 柔弱小女人变身女超人

柔弱小女人，老柔弱，就会让老公觉得太累。适当的时候，你不妨扮下女超人。老公搞不定的复杂状况，你来！让老公佩服你一次。比如，对数字特别不敏感的老公，恰巧你心算是特长，一起去超市购物，你只扫一眼购物车上的东西，立即得出付款金额，你老公的眼珠子一定是差不多掉到地上，对你佩服得五体投地。

# 关键时候帮老公一把

夫妻是种什么关系？这个问题很有意思。一个男人和一个女人，结婚前，毫无关系，甚至生长的地方相差千里万里，可一旦结合，就朝夕相处，变成了生命中最亲近的人。从此以后，生命中的所有起承转合，所有悲欢离合，注定要和对方分享。

都说男人是顶天立地的，可男人不是神，职场上，社会上，也会遭遇很多难题。一般来说，男人都会选择自己承担，默默承受。但过大的压力，容易使男人早早衰老，甚至患上疾病。这时，如果男人娶的是个好老婆，关键时刻，她一定能给予老公很大的支持，帮老公一把。

## 把柔弱的肩膀借给老公靠靠

刘德华有首歌，男人们都很有共鸣，这首歌的名字叫做《男人哭吧不是罪》。男人从小受到的教育就是有泪不轻弹，可流血不可轻易流泪。这样的男人，其实活得很累。当老公遇到憋屈的事情心里难受的时候，做老婆的不妨把自己的柔弱肩膀借给老公靠靠，让平时像棵大树一样的老公放下所有心防，卸下面具，好好哭一场，扔掉所有情绪垃圾，然后，轻身上路，继续奋斗。

## 用女性思维给老公拨云见月

男人有时也会陷入迷局。因为身在局中，利害关系倒看不清楚了。这时，就需要局外的老婆利用自己的女性思维来审视一下，然后给老公提供另外一个思考，也许，你的点拨会让久思不得其法的老公豁然开朗。

## 善于理财给老公解经济的围

有时，老公还会遇到财务上的问题，遇到一些急需用钱的紧急情况。如果老婆是个理财能手，能把日常开支安排得妥妥当当，还能随时拿得出应付紧急情况的机动资金，那就是解了老公的围，这样的老婆，真的很让人有安全感。

## 附　老婆给老公的一封信

亲爱的老公：

当你看到这封信时，我已经把“好老婆成长计”好好地自修完了。现在，我感觉自己像奥特曼一样充满了力量，在今后的日子里，我会更有信心经营我们的家庭。希望得到你的鼓励哦！

为了让你更好了解我，特地奉献上《老婆使用说明书》一份，希望老公能按照说明书来适应“老婆”这款“产品”。

老公，让我们携手共创美好的未来吧！

你亲爱的老婆

# 老婆使用说明书

## 关于称呼：

最亲热的称呼是老婆，如果文雅一点，叫夫人了，内子也是可以的。当然了，也可以根据量身定做专有的称呼。

## 关于性状：

本品一般带包装出售，表面涂层一般为粉底、隔离霜、眼影、假睫毛、口红等化妆物，产品真实面貌属于高级机密，建议老公们不要怀有好奇之心去探寻，心脏功能不好者禁止进行这类危险探究活动，接受产品外包装的形态，所见即所得。

本品属于形状多变类产品，形状会随时间改变，产

品体积变大或表面起皱都属于正常现象，不影响本品本质特性。

## 适应人群：

本品仅适用于单身成年男性。实行“限购令”。单身成年男性一次“限购”一件，违规者、“多购者”将受到相关部门查处并罚款。

## 注意事项：

本品最忌冷藏。需要放置在老公心头最重要的地方温暖。